LA
QUESTION COLONIALE

Par REVIN

LIEUTENANT-COLONEL DU GÉNIE EN RETRAITE

PARIS

LIBRAIRIE MILITAIRE DE L. BAUDOIN ET Cᵉ

IMPRIMEURS-ÉDITEURS

30, Rue et Passage Dauphine, 30

1888

LA
QUESTION COLONIALE

Par REVIN
LIEUTENANT-COLONEL DU GÉNIE EN RETRAITE

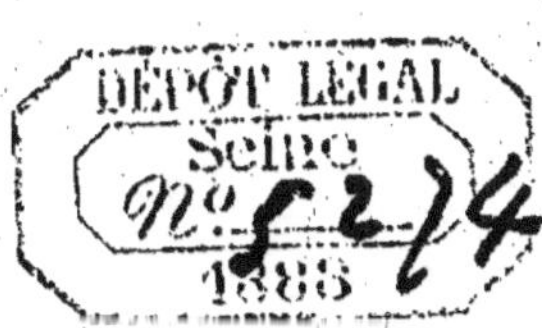

PARIS
LIBRAIRIE MILITAIRE DE L. BAUDOIN ET Cⁱᵉ
IMPRIMEURS-ÉDITEURS
30, Rue et Passage Dauphine, 30

—

1888
Tous droits réservés.

LA QUESTION COLONIALE.

Nous avons, dans une précédente étude, cherché à faire voir que la France était en mesure de se défendre, même contre des effectifs supérieurs à ceux qu'elle peut mettre en ligne. La frontière allemande étant garnie d'un cordon de troupes en réalité une fois et demie plus serré que celui qui nous investissait dans Paris en 1870, cordon soutenu sur notre frontière par des places fortes, il resterait à la disposition du pays, pour les autres éventualités, des ressources considérables. Par cette expression de *cordon* nous ne voulons pas dire que les troupes devraient être disséminées d'une façon continue le long de la ligne à défendre, mais disposées suivant les nécessités des lieux, de manière à pouvoir se soutenir réciproquement en temps utile, user l'ennemi à l'attaque de bonnes positions défendues par de faibles effectifs bien dissimulés et l'accabler, à la fin de la journée, par des troupes fraîches, suivant l'exemple que nous ont donné les Allemands en 1870. Nous faisions remarquer, en outre, que l'adversaire disposant de ressources supérieures aux nôtres, si la défensive avait toutes les probabilités de réussite en sa faveur, l'offensive, au contraire, se présentait avec bien des chances défavorables, à moins que la Russie ne nous prêtât son concours. Ce concours, quelle que soit l'issue de la lutte, nous semblait de nature à entraîner pour l'avenir les plus graves périls.

Notre conclusion était qu'il valait mieux tenter de recouvrer les provinces perdues en recherchant si, par des compensations amiables, il ne serait pas possible de concilier les ambitions des différentes nationalités avec les aspirations des peuples. Il ne serait point sage d'attaquer une puissance à son apogée, mais elle pourrait consentir à des combinaisons qui la débarrasseraient de charges et de gênes pour le présent et de dangers pour l'avenir.

Aujourd'hui, nous allons chercher à exposer les avantages que la France est susceptible de retirer de ses établissements coloniaux et les procédés qu'il y aurait à employer pour en atténuer les inconvénients au point de vue militaire.

En premier lieu vient l'Algérie. L'occupation de cette contrée a été excessivement laborieuse. Les tâtonnements, les hésitations des premières années de la conquête l'ont rendue très onéreuse. Pendant longtemps il a fallu y employer plus de cent mille hommes, la meilleure partie de l'armée nationale. Le défaut d'installation, les fatigues extrêmes de l'état de guerre occasionnaient une forte mortalité. Ces temps-là ne sont plus.

L'établissement du protectorat de la Tunisie, habilement obtenu et sagement organisé, met à notre disposition d'importantes positions militaires et maritimes sans nécessiter l'emploi, de l'autre côté de la Méditerranée, de plus de soldats que n'en exigeait, il y a vingt ans, l'Algérie seule. On a pu accroître la proportion de l'élément indigène dans cette armée par la création d'un régiment de tirailleurs et d'un régiment de spahis. Les colons contribuent aussi au recrutement de l'armée d'Afrique. Leur contingent est faible en temps de paix, mais, en temps de guerre, ils fourniraient à l'armée active et à l'armée territoriale près de vingt mille hommes acclimatés. Ces ressources ne peuvent que s'accroître avec le temps.

Il nous paraîtrait inopportun de dégarnir, en cas de guerre européenne, la côte d'Afrique des garnisons qui s'y trouvent pour remplacer par des recrues des hommes habitués au pays. On n'a pas eu à se louer de l'avoir fait en 1870. Les transports que cela nécessite paralysent la flotte. Il faut qu'elle soit prête, si l'Italie bouge, à anéantir ses ressources navales, à précipiter sur ses côtes les contingents irréguliers barbaresques et à les soutenir dans leurs opérations. La présence des troupes d'Afrique n'est plus comme autrefois indispensable dans les guerres d'Europe; elles ne forment plus qu'une faible partie des effectifs dont on disposera. Néanmoins, il serait possible, sans détourner l'armée navale de sa mission, d'arriver à les faire participer aux batailles d'Europe.

Si chaque régiment d'infanterie d'Afrique avait dans le midi de la France un bataillon avec le lieutenant-colonel et les cadres d'un autre, constitués, pour la plus grande partie, au moyen des officiers en congé, qu'il ait, en outre, tous les impedimenta nécessaires à une campagne en Europe, il serait aisé de le compléter avec ses réservistes et ses hommes en congé sans emprunter personne à l'Algérie. Cette combinaison s'appliquerait aussi bien aux régiments indigènes. Seulement il faudrait, en prévision de la guerre, les compléter en hommes avant les hostilités et emprunter aux réservistes des zouaves, qui sont très nombreux, les hommes qui feraient défaut dans les compagnies indigènes.

Peut-être, dans ce cas, serait-il bon de porter à cinq ou six le nombre des compagnies de ces bataillons, ainsi que cela a lieu pour l'infanterie légère d'Afrique, mesure qui permet d'assurer le service des petits postes sans désorganiser les bataillons. On pourvoirait ainsi aux vides que cela occasionnerait dans l'armée d'Algérie. On aurait recours aussi, dans une certaine mesure, au recrutement de noirs non musulmans à la côte occidentale d'Afrique. Il y a des postes tels que Tougourt, Ouargla, où les Marocains eux-mêmes sont décimés par les fièvres; ceux de la Tunisie méridionale ne valent guère mieux. Les nègres résistent très bien à ces influences climatériques où la chaleur, jointe aux miasmes paludéens, abat les hommes de race blanche. Cela ferait autant de soldats en moins à demander à la Métropole.

La Martinique, la Guadeloupe, la Réunion, Cayenne, sont d'anciennes possessions dont les populations ont demandé à concourir aux charges militaires à l'égal des autres Français. Ces populations, pour la plus grande partie, sont de race africaine. Nous pensons qu'elles fourniraient relativement beaucoup de rengagés. Parmi les soldats en provenant, il y aura beaucoup d'amateurs des fonctions de sous-officiers, d'officiers, de gendarmes. Actuellement on demande pour les troupes de marine cinq à six mille hommes tous les ans; les premiers numéros du tirage dans chaque canton sont désignés pour ce service. C'est là un tribut très lourd que le recrutement colonial allégera dans une forte proportion. En effet, le climat d'Europe ne vaut guère mieux pour les créoles de sang africain que celui du Sénégal pour les blancs; il conviendra donc d'employer entre les tropiques presque tout le contingent des colonies, les exceptions n'ayant lieu qu'à la demande des intéressés. Il y aura quelques difficultés de détail dans l'application de la loi militaire aux colonies. A chaque appel, elles fourniront un nombre de jeunes soldats disproportionné avec la garnison affectée à chacune de ces possessions et aux moyens de casernement dont elles disposent. On y obvierait en fractionnant les appels d'après la date de la naissance des jeunes gens. Ceux nés dans le premier semestre partiraient les premiers et ainsi de suite. La durée du séjour au corps ne serait pas affectée par cette mesure, les libérations étant retardées comme les appels.

Le Sénégal est encore une ancienne colonie. Les habitants de Saint-Louis et de Gorée sont aussi français que s'ils étaient nés en Bretagne; on peut compter de leur part sur un dévouement absolu. Par eux on obtiendra sans trop de peine l'assimilation des autres noirs. Les traditions du général Faidherbe et du colonel Laprade ont été reprises avec succès par le général Borgnis-Desbordes et le colonel Gallieni. De bons traitements et de la fermeté, avec cela on arrive à faire ce que l'on veut de ces excellentes gens. Il a été nécessaire en Sénégambie, à cause de la propagande musulmane et des abus d'autorité des marabouts, d'en venir à une action militaire. Au Congo, où cette propagande n'existe pas, M. de Brazza a réussi par la persuasion seule.

Le recrutement de soldats parmi les habitants de ces régions, l'envoi en Algérie ou même en France, dans nos ateliers, de ceux qui sont ouvriers d'art pour les perfectionner dans leur industrie, et leur retour chez eux quand ils se seraient pendant quelque temps initiés à nos usages, feraient faire un grand pas à la civilisation de ces contrées, dont les habitants ont des mœurs qui diffèrent tant des nôtres et qui nous choquent.

L'institution de l'esclavage est chez eux vivace, parce qu'elle ne ressemble en rien à ce que nous entendons par là et à ce qui s'est pratiqué dans nos colonies. L'esclave fait partie de la famille; sa protection impose de grands devoirs aux maîtres, et ceux-ci s'en acquittent consciencieusement. Ainsi, l'esclave d'un roi est comme un prince du sang de la main gauche et possède d'importantes prérogatives. Très souvent les ministres, les gouverneurs de provinces sont des captifs; ils possèdent relativement de grandes richesses et ont aussi des captifs. Les indigènes considèrent les officiers de l'armée, et à plus forte raison les soldats, ainsi que les fonctionnaires, comme des captifs du gouvernement. Faites-leur des théories abolitionnistes, ils n'y comprendront rien. Les noirs de certaine familles accepteront des fonctions de domestiques, mais ne voudront pas s'engager comme soldats, considérant cela comme une déchéance. Néanmoins, à l'occasion, ils suivront les colonnes et se battront aussi bien que n'importe qui. D'autres, au contraire, s'empresseront de se faire soldats pour avoir le vivre et le couvert. Certaines professions, comme le travail du cuir, celui des métaux, sont considérées comme avilissantes. Il faut s'adresser à certaines familles où ces professions sont héréditaires pour trouver des ouvriers qui consentent à s'adonner aux travaux de cette nature.

La mise en communication de l'Algérie et de la Sénégambie ou du Soudan par un chemin de fer Transsaharien, aurait l'avantage de hâter l'assimilation de ces pays à l'Algérie et d'en opérer la liaison militaire. Au point de vue économique, la communication du centre de l'Afrique avec la mer se fera plus aisément par le Sénégal, le Niger et le chemin de fer qui relie ces deux fleuves, que par le Sahara, tant qu'on ne sera pas trop avancé dans l'Est du continent; mais, si l'on voulait arriver au lac Tschad, la communication avec l'Algérie serait la plus courte. Au point de vue militaire, le relèvement des garnisons se ferait plus aisément par le désert, en cas de guerre européenne ou bien en cas d'épidémie de fièvre jaune à la côte occidentale. La fièvre jaune à la côte d'Afrique ne s'éloigne guère du bord de la mer. L'air marin est indispensable à son éclosion. Les vents soufflent de la terre. Les remous qui ont lieu le long du rivage ne pénètrent guère dans l'intérieur. Dans les grands bois on en est tout à fait garanti. En hiver, les troupes sont préservées en allant camper dans l'intérieur où elles trouvent une température convenable et l'absence de toute pluie. L'été, c'est impraticable faute d'abris, à cause des orages fréquents et de la température excessive. Quand l'épidémie de fièvre jaune règne, elle ravage tous les ports d'embarquement. Les troupes de l'intérieur sont donc bloquées; elle pourraient s'échapper par un chemin de fer transsaharien.

Dans ces dernières années, les possessions françaises de l'Indo-Chine ont pris un grand développement. Une action militaire énergique eut pour conséquence la soumission du Tonkin et de l'Annam à notre protectorat. Des fautes ont été commises comme lors de la conquête de l'Algérie, mais dans de moins fortes proportions; elles ont amené de sérieux sacrifices. On n'a pas assez laissé de liberté d'action à l'amiral Courbet; on n'en a pas assez vite apprécié l'incomparable valeur. Il y a gagné de la gloire, et rien ne peut consoler de ce que sa santé n'ait pu résister aux fatigues surhumaines qui lui ont été imposées.

Les événements du Tonkin ont eu cependant leur utilité. Ils ont fourni à notre armée réorganisée l'occasion de pratiquer avec succès les nouvelles manœuvres. Des actes héroïques ont été accomplis. L'armée a retrouvé la confiance en elle-même et en ses chefs. La Tunisie avait commencé ce relèvement; le Tonkin l'a complété.

Au point de vue maritime, la flotte a montré le parti qu'elle savait tirer de vieux bateaux de types arriérés. Le bombardement d'Alexandrie par les Anglais n'a été que l'acte brutal du boxeur qui se meurtrit les poings en assommant son adversaire. Les combats de la rivière Min et les opérations qui les ont suivis ont pu donner à penser que les docks de Londres ou de Liverpool ne seraient pas à l'abri des attaques d'une escadre audacieusement conduite. Non pas qu'une guerre soit probable entre l'Angleterre et la France, les deux nations auraient trop à y perdre. L'Angleterre y perdrait sa flotte commerciale au bénéfice des États-Unis. Tous ses navires avec leur personnel interlope passeraient sous le pavillon étoilé. Les matelots anglais ne seraient pas de trop pour armer la flotte de guerre. A la paix, ils ne retrouveraient plus leur clientèle. La France n'a pas non plus à souhaiter une guerre qui aggraverait sa situation vis-à-vis du continent.

Pour en revenir à l'Indo-Chine, sa garnison actuelle comporte une nombreuse armée indigène, soutenue par 12,000 Européens dont 4,000 hommes de la légion étrangère, 2,000 des bataillons d'Afrique, et le reste formé de troupes de marine. Les troupes indigènes d'Indo-Chine sont de formation récente; on a été satisfait de leurs services. Elles nous semblent pouvoir comporter une certaine extension. Les forçats de la Nouvelle-Calédonie seraient aussi bien gardés par des Indo-Chinois que par des blancs. Toutes les autres colonies de la mer des Indes pourraient de même recevoir, au lieu de troupes blanches, des bataillons annamites. Il y aurait économie dans les transports et réduction dans le nombre des soldats français à envoyer contre leur gré dans des climats malsains.

Pour résister aux maladies des contrées tropicales, il faut une certaine force de volonté, une résolution énergique. Les hommes qui ont vraiment le désir des aventures et la passion des voyages survivent où les autres succombent. Personne n'évite l'hôpital ; mais ceux dont le moral réagit y font de courts séjours et ne s'abandonnent pas à la mort. Il est donc essentiel de n'envoyer aux colonies, autant que possible, que des hommes de bonne volonté.

Dans la première année, et surtout dans les premiers mois de séjour, on résiste mieux que plus tard, à moins que l'on ne tombe au milieu d'une épidémie. Il est incontestable que le service aux colonies, pour des individus de race blanche, est plus pénible que le service dans les casernes de France ; il est équitable, par suite, d'en exiger une durée moins longue de ceux qui l'accomplissent dans ces conditions défavorables.

Il y a un obstacle à cet acte d'équité : c'est la dépense du voyage. Les intéressés pourraient lever cet obstacle en acquittant la dépense. Nous admettrions que des jeunes gens, après un certain temps de séjour au corps en France et la justification d'une instruction militaire suffisante, prennent l'engagement d'être rendus au Tonkin ou au Sénégal à une époque fixée à l'avance et y fassent un service de six ou huit mois dans une troupe de leur arme, moyennant quoi ils obtiendraient leur congé définitif ; ils en reviendraient plus préparés aux fonctions d'officiers ou de sous-officiers de réserve et avec plus d'ascendant sur leurs hommes que s'ils avaient prolongé davantage leur séjour dans une caserne. Beaucoup demanderaient à rester quelque temps de plus dans la colonie, si cela leur procurait l'occasion de se cogner et d'obtenir une récompense honorifique. Ceux qui n'accepteraient pas ce moyen de se libérer quand ils en pourraient faire la dépense, seraient montrés au doigt. Peut-être ainsi arriverait-on à n'avoir dans ces garnisons que des volontaires. L'utilisation aux colonies des soldats qui ont subi des condamnations ne comporte pas les mêmes ménagements. Pour beaucoup d'entre eux, le temps passé sous les drapeaux dans les bataillons d'Afrique reculera l'application de la loi sur les récidivistes. Des chances de s'amender et de trouver un emploi à leur libération leur sont offertes. Ce n'est pas l'intelligence qui leur manque, et s'ils n'ont commis que des peccadilles, qu'ils se montrent bons soldats, le plus bel avenir peut leur être réservé. Nous en avons connu un qu'une dénonciation politique avait envoyé au bataillon les fers aux pieds, et qui était colonel à 40 ans; une balle, en Crimée, arrêta sa carrière. La statistique accuse une grande mortalité chez les hommes du bataillon d'Afrique. On choisit pour eux les pires garnisons, mais ce n'est pas de là que vient la mortalité qui les frappe; ils sont incomparablement plus résistants que les autres. Ce qui les tue, ce sont les excès et les débauches.

Les infirmiers seuls ont une mortalité égale à celle des corps disciplinaires. Leur service est désagréable et répugnant ; ils récoltent toutes les épidémies. Il est question d'y envoyer les étudiants en médecine. Naturellement, ils seront chargés d'accompagner le médecin à la visite, de préparer les médicaments et de les distribuer. Les autres infirmiers seront affectés aux soins de propreté, à la tâche de rincer les vases des dysentériques. Franchement, il vaut mieux faire trois jours d'ordre dispersé dans la campagne, quitte à recevoir un peu de pluie, qu'un seul jour d'un pareil métier. S'il est un service dont la durée devrait être réduite pour soulager le budget, c'est bien celui-là.

Parmi les colonies dont nous n'avons pas encore parlé figurent Madagascar et les Comores. Un bataillon d'Indo-Chinois y trouverait bien sa place. Il y aurait avantage là, comme en Indo-Chine, à former des bataillons d'ouvriers qui viendraient en France se perfectionner dans nos ateliers, principalement dans les ports de mer, et se mettraient en état de faire aux navires, dans l'Extrême-Orient, les réparations nécessaires. Les jeunes gens qui voudraient faire campagne dans les colonies dont ils sortent en s'engageant dans ces bataillons, seraient au courant de la langue au bout de peu de temps et rendraient de meilleurs services en arrivant dans les pays dont ces gens-là sont originaires. Dans le cas de guerre, on compléterait ces bataillons avec des réservistes et on les ferait partir à la frontière; ce serait un attrait de plus pour le public, si on les faisait figurer dans les revues du 14 Juillet.

La France, à l'exemple de toutes les puissances de l'Europe, produit aujourd'hui tout l'effort militaire dont elle est susceptible; elle arrive à assurer la sûreté de ses frontières, mais d'une façon stricte. Sa population ne s'accroît pas aussi vite que celle de ses voisins; il peut en résulter un danger dans l'avenir. On n'arrivera à y parer que par les contingents à tirer des possessions extérieures. Celles-ci, n'étant menacées que par les armées qui y débarqueraient, se suffiront à peu près à elles-mêmes avec l'effectif de paix de leurs garnisons. Elles devront, au fur et à mesure qu'elles développeront leurs ressources, entretenir en France même des troupes sur le pied de guerre, susceptibles d'entrer immédiatement en campagne. La population de l'Algérie et de la Tunisie réunie est évaluée à environ 6 millions d'habitants, correspondant à un effectif de paix de 80,000 hommes. Il n'y en a que 60,000 réellement employés dans la colonie. Elle pourrait donc fournir 20,000 hommes en France prêts à être employés et envoyés à la frontière le lendemain de la déclaration de guerre. C'est le but auquel on doit tendre, et l'on y parviendra d'autant plus aisément que les progrès de la colonisation seront plus grands et que les charges coloniales pèseront moins lourdement sur le budget.

Jamais l'armée ni la flotte n'ont été plus puissantes qu'aujourd'hui; jamais non plus le crédit public n'a été coté à un taux aussi élevé. On ne peut donc pas dire qu'il y ait eu déchéance de la France. Elle a même, grâce aux campagnes de Tunisie et du Tonkin, l'avantage d'avoir des généraux encore jeunes qui ont commandé devant l'ennemi, l'un une armée de plus de cent mille hommes, les autres des brigades isolées, tandis que, dans la nation voisine, les généraux qui ont commandé en chef en 1870 sont très âgés. Il est vrai qu'on n'en est plus au temps de Henri IV où le général en chef recommandait aux siens de suivre son panache blanc.

Déjà du temps de Bonaparte premier consul, ce n'était pas le général en chef qui portait le panache, c'était Murat. Au passage du Saint-Bernard on prenait Bonaparte pour un riz-pain-sel. On ne se figure pas davantage le maréchal de Moltke caracolant à la tête des troupes.

Le chef des armées modernes se tient dans son cabinet, au

centre du réseau téléphonique et télégraphique qui le relie à toutes ses troupes. Une carte est devant lui ; ses aides de camp sont partout, le renseignent à chaque instant de ce qui se passe, veillent à ce qu'on n'impose pas aux hommes de fatigues ou de stationnements inutiles, qu'ils aient bien tout ce qui leur est nécessaire, qu'ils soient occupés à quelque chose qu'ils croient utile, que leur moral soit constamment soutenu parce qu'ils sentent que le commandement s'occupe d'eux.

Dans ces conditions, le général en chef pourra être perclus, paralysé ; pourvu qu'il puisse voir, entendre et ordonner, tout ira bien.

Nous en avons connu, malheureusement, durant l'année terrible, qui comprenaient mal leur rôle et se souvenaient trop d'avoir été de brillants colonels, faisant massacrer autour d'eux leur état-major et éreinter un de leurs corps d'armée pendant que les autres ne savaient que devenir ; leur intervention aurait assuré la victoire, mais la direction leur manquait : fatalité du panache.

Méfions-nous donc du panache ; utilisons toutes les ressources que les colonies pourront nous fournir, surtout en cadres habitués aux misères de la guerre, en anciens soldats soutenant le moral de leurs camarades, et ne désespérons pas de la grandeur du pays, qu'elle soit obtenue par la guerre ou, plus profitablement encore, par le respect qu'il saura imposer de lui-même aux autres nations.

Paris. — Imprimerie L. Baudoin et C⁵, 2, rue Christine.

PARIS. — IMPRIMERIE L. BAUDOIN ET Cⁱᵉ, 2, RUE CHRISTINE.

Contraste insuffisant

NF Z 43-120-14

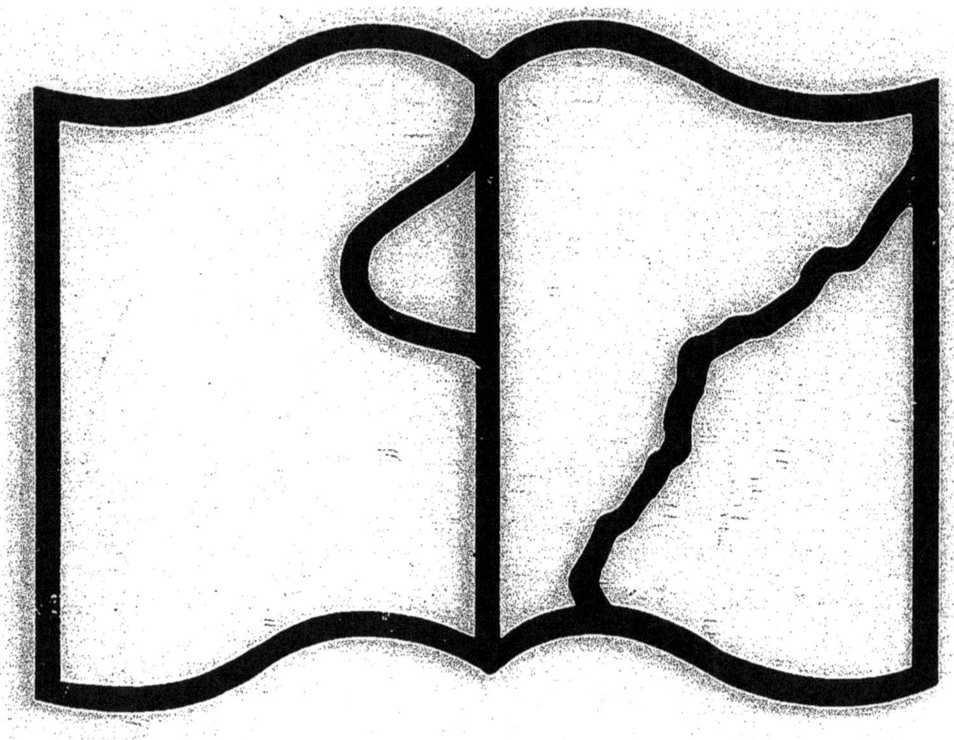

Texte détérioré — reliure défectueuse

NF Z 43-120-11

www.ingramcontent.com/pod-product-compliance
Lightning Source LLC
Chambersburg PA
CBHW051324050726
47595CB00008B/3702